엉뚱한 세계사 바이킹시대

토르가 바이킹의 신이라고?

팀 쿡 글 | 이계순 옮김

풀빛

팀 쿡 글
영국 옥스퍼드 대학을 졸업하고, 25년 이상 다양한 주제로 수십 권이 넘는 논픽션 도서를 써 온 작가이자 편집자예요. 미국 독립 혁명과 남북 전쟁, 제1-2차 세계 대전, 베트남 전쟁 같은 전쟁의 역사와 고대와 현대 역사뿐만 아니라, 과학 분야를 다룬 글을 쓰기도 했어요. 주요 도서로는 《발명의 역사》 등이 있습니다.

이계순 옮김
서울대학교 간호학과를 졸업한 뒤, 어린이·청소년책 전문 번역가로 활동하고 있어요. 번역한 책으로는 《그날이야》, 《지키지 말아야 할 비밀》, 《달에서 생일 파티를 한다면?》, 《유령》, 《안전한 불 위험한 불》, 《아낌없이 주는 도서관》, 《나는 용감한 리더입니다》, 《나는 빛나는 예술가입니다》 그리고 〈공룡 나라 친구들〉 시리즈 등이 있습니다.

엉뚱한 세계사 _ 바이킹 시대
토르가 바이킹의 신이라고?

초판 1쇄 발행 2023년 5월 25일
글쓴이 팀 쿡 | **옮긴이** 이계순
펴낸이 홍석 | **이사** 홍성우 | **편집부장** 이정은 | **책임편집** 박고은 | **편집** 조유진 | **디자인** 권영은 · 김연서
마케팅 이송희 · 한유리 · 이민재 | **관리** 최우리 · 김정선 · 정원경 · 홍보람 · 조영행 · 김지혜
펴낸곳 도서출판 풀빛 | **등록** 1979년 3월 6일 제2021-000055호 | **제조국** 대한민국 | **사용연령** 8세 이상
주소 서울특별시 강서구 양천로 583 우림블루나인 A동 21층 2110호
전화 02-363-5995(영업) 02-362-8900(편집) | **팩스** 070-4275-0445
전자우편 kids@pulbit.co.kr | **홈페이지** www.pulbit.co.kr
블로그 blog.naver.com/pulbitbooks | **인스타그램** instagram.com/pulbitkids

ISBN 979-11-6172-572-7 74900 | 979-11-6172-555-0(세트)

A QUESTION OF HISTORY: DID VIKINGS HAVE HORNS ON THEIR HELMETS?
Text by Tim Cooke Illustrations by Matt Lilly
First published in Great Britain in 2021 by Wayland
Copyright © Hodder & Stoughton Limited, 2021
Korean edition copyright © Pulbit Publishing Company, 2023 All rights reserved.
This Korean edition published by arrangement with Hodder & Stoughton Limited, on behalf of Wayland, a part of Hachette Children's Group, through Shinwon Agency Co., Seoul.

사진 출처:
Alamy: AF Archive/MGM Television 11t; Album 17t,18b; Sabana Jane Blackbird 3c, 23b; Chronicle 16t; Interfoto 9c; North Wind Picture Archives 13t; Roman Stetsyk 6c; The Picture Art Collection 28tr; World History Archive 15.
Shutterstock: An Van Assche 14; Zeynur Babayev 24tr; Czechexplorerplotography 7; L Gieger 23t; Nick Goetz 11b; Dave Head 26b; Russ Heini 13b; L Hismanto 16; Steffen Hoejager 20; Nynke van Holten 28bl; Eric Isselee 10t, 29; Dmitriy Konoplin front cover c,1,11c, 27b; Alan Morris 6t; Rappholdt 17b; Vvoe 10b; vvvita 4b; Bjoern Wylezich 22t.
Other contributors: Gabriel Hildebrand/The Swedish History Museum, International CC BY 4.00 9t.
Wikimedia Commons: Angoria 19t CCA 3.0; Gwilwellian 21 PD/CCA 3.0; Joe Mabel 22b CCA 4.0 SA.

이 책의 한국어판 저작권은 신원 에이전시를 통한 저작권사와의 독점 계약으로 도서출판 풀빛에 있습니다.
저작권법에 의해 한국 내에서 보호를 받는 저작물이므로 무단전재와 무단복제를 금합니다.

*책값은 뒤표지에 표시되어 있습니다.
*종이에 베이거나 긁히지 않도록 조심하세요. 책 모서리가 날카로우니 던지거나 떨어뜨리지 마세요.
*파본이나 잘못된 책은 구입하신 곳에서 바꿔 드립니다.

차례

4-5
바이킹은 어떤 사람들이었을까?

6-7
바이킹은 최초의 친환경적인 전사들이었을까?

8-9
바이킹은 유럽에서 가장 멋쟁이였을까?

10-11
까마귀는 바이킹이 바다에서 길을 찾는 걸 어떻게 도왔을까?

12-13
바이킹은 오줌으로 불을 피웠다고?

14-15
바이킹 아이들은 체스를 잘 뒀을까?

16-17
왜 바이킹은 배를 땅에 묻었을까?

18-19
바이킹이 쓴 투구에 정말로 뾰족한 뿔이 달렸을까?

20-21
바이킹에게 '팅그'가 중요했다고?

22-23
선사 시대 나무는 어떻게 바이킹을 부자로 만들었을까?

24-25
바이킹은 자를 대고 글씨를 썼을까?

26-27
왜 위대한 바이킹 왕이 물속에서 첨벙거렸을까?

28-29
궁금해요, 궁금해!

30-31
세계사 연표

32
용어

바이킹은 어떤 사람들이었을까?

800년 무렵 아일랜드 수도사들이 기도를 올렸어요.
'신이시여, 북쪽 사람의 분노로부터 우리를
구하옵소서.' 여기서 북쪽 사람이란 피에 굶주린
스칸디나비아의 바이킹을 말하는 거였어요.
바이킹은 유럽에서 가장 두려운 약탈자였어요.

돈 내놔. 아니면 목숨을 내놓거나!

해적이자 농부

바이킹은 정말 분노에 가득 차 있었을까요?
음, 그렇기도 하고 아니기도 해요. 그들은
사나운 해적이자 전사로, 영국과 프랑스의
해안가를 습격했어요. 아니, 수도원이나
교회를 더 자주 습격했지요. 여기에 금과
은이 많이 보관되어 있었거든요.

하지만 바이킹은 농부, 무역가, 장인이기도 했어요.

부풀려진 이름

바이킹은 지금의 노르웨이, 스웨덴, 덴마크의 해안가에 살면서 배를 타고 유럽 각지로 진출했어요.
우리나라에서는 바이킹을 노르만족이라고도 불러요. 바이킹은 바다와 강을 누비며 멀리까지
나아갔어요. 그랬기에 위대한 탐험가이자 무역가가 되었지요.

멀리, 더 멀리

바이킹은 9세기와 10세기 프랑스 북부와 영국, 아일랜드에 자신들의 왕국을 세웠어요. 멀리로는 북아메리카까지도 갔지만 정착하지는 않았어요. 그곳에 살던 사람들이 바이킹을 쫓아냈거든요. 바이킹은 그린란드에도 정착했지만, 그곳이 얼음으로 덮여 있다는 걸 알게 되었어요. 바이킹이 살던 아이슬란드 역시 얼음으로 덮여 있었지만 그린란드는 그것보다 더 얼어 있었어요.

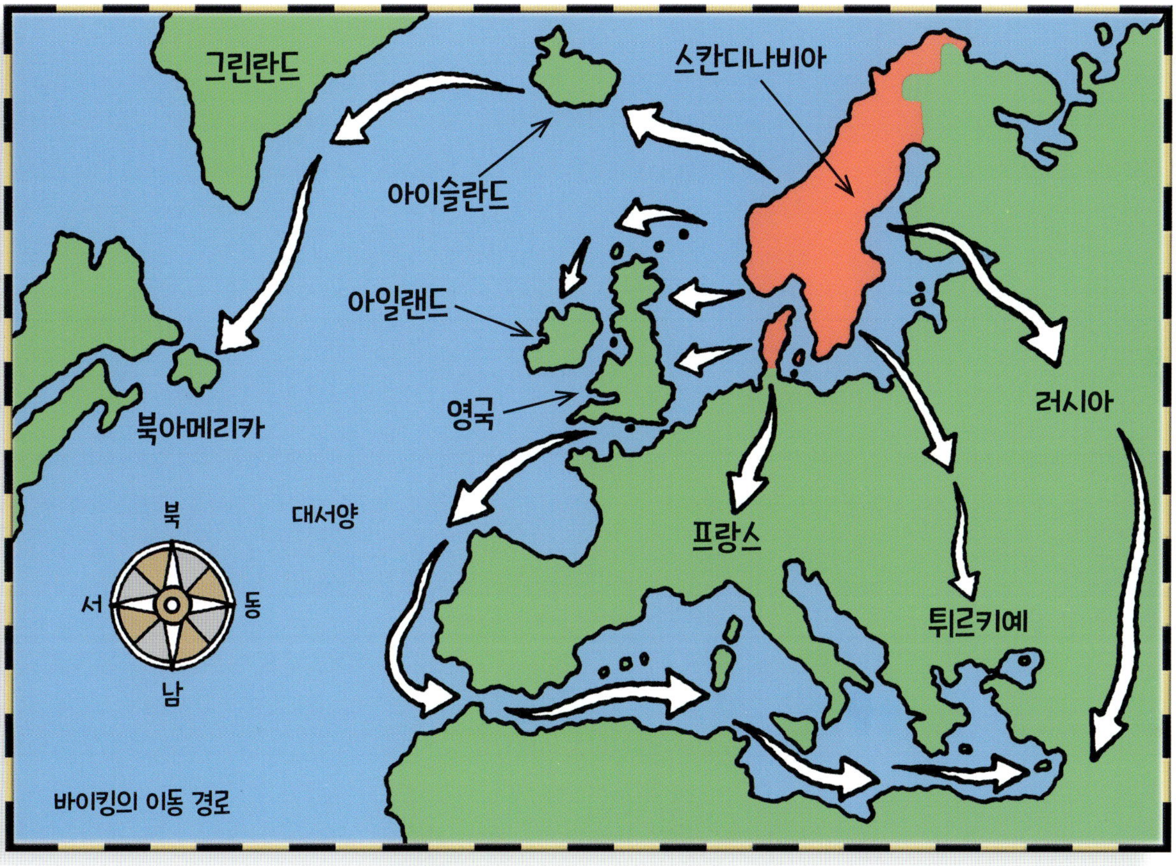

바이킹의 이동 경로

잉글랜드 침입

11세기 많은 바이킹이 기독교를 받아들였어요. 그렇다고 해서 이전의 모습을 모두 버린 것은 아니었어요. 그때는 유럽 다른 지역으로의 침략이 새로운 흐름으로 자리 잡았거든요. 꾸준히 잉글랜드를 약탈했던 바이킹은 결국 잉글랜드 왕위까지 차지했어요.

5, 6세기 무렵, 앵글로·색슨족은 켈트족을 밀어내고 잉글랜드에 자리 잡았어요. 바이킹족은 793년부터 잉글랜드를 침략해 일부 지역을 지배했고, 1016년에는 크누트 대왕이 잉글랜드 왕위를 빼앗았어요.

**역사상 가장 무시무시한 전사들이었던 바이킹.
그들에 대한 흥미진진한 이야기를 한번 살펴보도록 해요.**

바이킹은 최초의 친환경적인 전사들이었을까?

바이킹은 집에 훈훈한 온기를 오래 유지하려고 지붕에 풀을 얹었어요. 친환경적으로 지은 현대의 집과 많이 닮았지요?

복원한 바이킹 집

현대의 친환경적인 집

우리 집이 최고야!

겨울에도 따뜻

나무로 집 뼈대를 세운 뒤 널빤지와 진흙으로 벽을 만들었어요. 그리고 창문을 달지 않아 긴 겨울에도 온기가 밖으로 나가지 않았어요.

아주 친환경적인

바이킹은 에너지를 효율적으로 잘 사용한 전문가였어요. 예를 들어 겨울에는 집 한쪽에 외양간을 만들었어요. 말과 소가 뿜은 열기에 인간과 동물 모두 따뜻하게 지낼 수 있었지요. 하지만 냄새는 좀 났을 거 같아요.

윽, 냄새!

미안!

바이킹은 재활용 전문가기도 했어요. 고고학자들이 현재 영국의 요크 지역에서 바이킹들의 재활용 센터를 발견했어요. 바이킹은 그곳에서 오래된 철제 무기와 공구를 녹여 다시 썼어요.

흐음, 이건 캔류에 넣어야 하나?

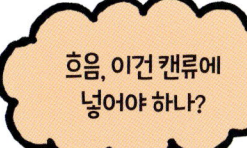

너무 길어!

바이킹 집은 폭이 좁지만, 길이가 최대 75미터나 되었어요. 그래서 긴 집이란 뜻으로 롱하우스라고 불렀어요.

집 안에 방은 하나였지만 지붕을 받치고 있는 나무 기둥으로 공간이 나뉘었어요. 집 가운데에는 화로가 있었고, 한쪽 끝에 장신구를 만들거나 옷감을 짜는 작업장이 있었을 거예요.

내 방이 필요해!

바이킹은 온 가족이 모여서 생활했어요. 비밀을 만들 수도 없는 이 거리가 너무 가깝게 느껴졌을지도 몰라요. 대가족과 동물이 한데 모여 살았고, 가구는 별로 없었어요. 부잣집에는 벽 쪽에 긴 의자와 침대가 있었을 거예요.

윽, 냄새!

롱하우스에서는 생선 냄새가 났어요. 주로 청어 냄새였어요. 겨우내 먹기 위해 청어를 훈연시켜서 서까래에 매달아 보존했어요. 그리고 돼지고기에 당근, 양배추, 콩 등을 넣고 푹 끓인 음식도 많이 먹었어요.

바이킹 똥을 연구하는 고고학자들은 이 식단에 한 가지 문제가 있다는 걸 알아냈어요. 바로 기생충이요. 우웩!

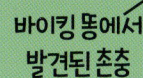

바이킹 똥에서 발견된 촌충

바이킹은 유럽에서 가장 멋쟁이였을까?

'바이킹' 하면 어떤 모습이 떠오르나요?
텁수룩하게 자란 긴 머리에, 항상 같은 옷을 입고
다니는 사람이 떠오르지는 않나요?

땡!

머리 스타일

바이킹은 싸울 때든 농사지을 때든 언제나 외모를 가꿨어요.

남자들은 항상 턱수염을 깨끗이 다듬었고, 목에 난 수염은 싹 밀었어요. 머리카락도 짧고, 단정했지요. 앞머리가 너무 길어서 눈을 찌르기는 했지만요.

여자들은 긴 머리를 깔끔하게 묶었어요.

미용 도구

바이킹은 다양한 미용 도구를 갖고 있었어요.

- 얼굴에 난 잔털과 눈썹을 뽑는 족집게
- 손톱깎이
- 이쑤시개
- 빗
- 귀이개

귀이개

은 빗

경고!

의사들은 귀에 어떤 것도 넣지 말라고 해요. 고막이 다칠 수 있기 때문이에요. 팔꿈치보다 작은 것을 귀에 넣지 마라. 오랫동안 내려온 충고를 잊지 마세요.

너무 자주 씻어!

다른 유럽인과 비교하면 바이킹은 매우 깨끗한 편이었어요. 어느 잉글랜드 작가는 바이킹이 토요일마다 목욕하고, 머리는 **매일** 빗는다며 불평했지요. 바이킹의 청결함에 잉글랜드 여성들이 흠뻑 반했다고도 했어요. 그런데도 잉글랜드 남자들은 전혀 바뀌지 않았어요.

난 정말 깨끗해!

너무 많은 옷!

여성들이 바이킹의 어떤 점에 또 반했는지 아세요? 바이킹은 옷을 자주 갈아입었어요. 그것도 무늬가 선명하고 화려한 옷들로요.

부유한 바이킹은 페르시아에서 수입한 비단 옷을 입었어요. 보통은 안에 얇은 옷을 입고, 그 위에 따뜻한 양모를 걸쳤어요.

남자들은 바지를 입었고 여자들은 어깨 위로 끈이 달린 긴 치마를 입었어요.

까마귀는 바이킹이 바다에서 길을 찾는걸 어떻게 도왔을까?

바이킹은 배를 타고 가까운 영국과 프랑스는 물론이고 멀리 있는 러시아와 튀르키예까지 갔어요. 아이슬란드와 그린란드, 심지어는 북아메리카까지도 갔지요. 하지만 까마귀가 없었다면 할 수 없었을 거예요.

까악까악!
(그래, 맞아!)

까마귀의 귀소 본능

까마귀와 바이킹에 관해서 전해 내려오는 이야기가 있어요. 바이킹은 야생 까마귀를 우리에 넣어 배에 싣고 다녔어요. 그러다 길을 잃으면, 까마귀를 풀어 준 다음 따라갔지요. 까마귀가 가장 가까운 육지로 날아갈 거라는 걸 알고 있었거든요.

아직 덜 왔나?

바이킹은 경로 탐색을 위해 다른 방법도 사용했어요. 태양과 별의 위치를 연구했고, 바람의 방향과 파도의 형태도 주의해서 보았어요. 바다의 미묘한 색깔 변화도 살폈고요. 가끔은 육지가 가까이 있을 때 땅의 냄새를 맡기도 했어요!

확실히 잉글랜드 냄새가 나!

몇몇 전문가는 바이킹이 자성이 강한 돌인 자철석으로 나침반을 만들어 사용했을 거로 추측해요.

자철석

여기가 어느 쪽 끝이야?

가끔 헤맬 때도 있었지만 바이킹은 노련한 항해사였어요. 바이킹은 다양한 종류의 배가 있었는데 가장 유명한 것은 '롱쉽'이었지요.

롱쉽은 긴 배라는 뜻이에요. 그리고 그냥 긴 게 아니라 아주아주… **길었어요.** 길이가 30미터나 되는 배도 있었지요. 폭은 좁고 선체는 얕았어요. 강을 거슬러 올라가거나 해변에 배를 쉽게 댈 수 있다는 장점이 있었어요. 또한 앞뒤가 똑같이 생겨서 배를 돌리지 않고도 방향을 바로 바꿀 수 있었어요. 배는 커다란 돛이나 노 젓는 사람들에 의해 움직였지요.

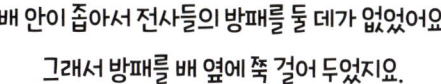

배 안이 좁아서 전사들의 방패를 둘 데가 없었어요. 그래서 방패를 배 옆에 쭉 걸어 두었지요.

무서운 용

롱쉽의 양 끝 뱃머리는 대부분 머리 모양으로 장식했어요. 가장 인기 있었던 것은 바로 용이었어요. 사나운 용의 머리로 겁을 주기 위해서예요. 그런데 뱃머리 용이 보일 정도로 배가 가까워졌다면, 이미 바이킹 전사들을 보고 겁에 질리지 않았을까요?

쿠와악!

11

바이킹은 오줌으로 불을 피웠다고?

탐험을 좋아했던 바이킹은 그들이 어디에 있든 불을 피울 수 있어야 했어요. 빛과 온기가 필요하니깐요. 바이킹에게는 불을 피울 비밀 무기가 있었어요. 그 비밀 무기는 바로 오줌이었어요!

> 윽, 코린내 때문에 코가 마비되겠어!

코린내 풍기는 버섯

바이킹은 나무껍질에 난 버섯을 따서 오줌에 넣고 푹 끓였어요. 오줌이 완전히 스며들 때까지요. 그런 다음 이것을 두드려 납작하게 만들었어요. 여기에는 오줌에서 나온 질산 나트륨이란 화학 물질로 가득했는데, 바로 이 질산 나트륨이 불타는 거였어요. 아주 천천히요.

천천히, 오래오래

바이킹은 이 버섯을 배에 실었어요. 한 번 태우면 몇 주 동안 타기도 했어요. 바이킹은 해안에 도착할 때마다 난방과 요리를 위해 여기에 불을 붙였어요.

바이킹은 천재!

오줌으로 불 피우려고 하지 마세요. 아무나 할 수 있는 게 아니거든요. 정말로요. 게다가 아주 위험해요.

널리 퍼진 불

바이킹은 계속 탐험을 하며 대서양을 가로질렀어요. 860년대에는 아이슬란드에 정착하기 시작했어요. 982년 무렵 에이리크 힌 라우디는 그린란드까지 항해했어요.

새로운 땅

에이리크의 아들 레이프 에이릭손은 1000년 무렵 북아메리카에 도착했어요. 처음에 레이프는 아이슬란드에 있는 아버지를 보기 위해 항해하고 있었어요. 그때 만난 뱌르니 헤롤프손이라는 상인이 레이프에게 북아메리카에 대해 말해 줬어요. 뱌르니는 985년에 북아메리카를 발견했어요.

뱌르니는 "우와, 내가 바로 북아메리카에 도착한 최초의 유럽인이야."라고 생각하지 않았어요. 대신 이렇게 생각했지요. "우리 아버지의 농장처럼 생기지 않았잖아." 뱌르니는 뭍에 오르지도 않고 배를 돌렸어요!

우리는 그냥 갈게!

북아메리카에 도착한 바이킹

레이프 에이릭손은 그 말을 듣고 현재 캐나다의 뉴펀들랜드에 상륙했어요. 그 당시 캐나다는 지금보다 조금 더 따뜻했어요! 레이프가 세운 야영지에 일부 바이킹이 몇 년 동안 살았지만, 그곳에 원래 살던 사람들이 바이킹을 쫓아냈어요. 그리고 1492년 크리스토퍼 콜럼버스가 오기 전까지 북아메리카에 상륙한 유럽인은 아무도 없었어요.

바이킹은 뉴펀들랜드의 '랑스 오 메도즈'에 정착했어요.

바이킹 아이들은 체스를 잘 뒀을까?

그렇기도 하고 아니기도 해요. 우선 아이들만 체스를 두지 않았어요. 그리고 그건 지금의 체스와 비슷하지 않았을 거예요. 아마도요.

네파… 뭐라고?

바이킹은 '네파타플'이라는 게임을 했어요. 정사각형 판 위에서 말들을 옮겼기 때문에, 체스와 비슷했을 수 있어요. 하지만 지금은 아무도 규칙을 몰라요. 솔직히 말하면 이 게임을 네파타플이라고 불러도 되는지조차 확실하지 않아요.

이 게임은 한 사람이 왕을 지키고 상대편이 이 왕을 잡으려고 했던 것 같아요.

체스는 11세기에 이슬람 지역에서 남유럽으로 넘어왔어요. 그러면서 곧 유럽 대륙 전체로 퍼져나갔어요.

미래를 위한 게임

여자아이들은 인형과 팽이를 갖고 놀았어요. 이는 어른이 되었을 때 아이를 돌보고 실을 뽑는 데 도움을 주었지요. 남자아이들은 장난감 배와 칼을 갖고 놀았어요. 이는 어른이 되었을 때 실제 무기를 사용하는 데 도움을 주었지요.

남자아이들은 농사짓는 법과 약탈하는 법을 배웠어요. 여자아이들은 요리하고, 정원을 가꾸고, 옷을 만들고, 가축 돌보는 법을 배웠지요. 어린 바이킹들은 열두 살쯤 되면 농장 일과 집안일을 거뜬히 해낼 수 있었어요. 물론 지금은 성별에 상관없이 원하는 건 뭐든 할 수 있어요! 물론 약탈하는 것은 빼고요.

준비 시작! 토가 홍크!

어른들은 달리기나 수영, 무거운 돌 들기, 그리고 '토가 홍크' 같은 스포츠를 즐겼어요. '토가 홍크'는 우리나라의 줄다리기와 비슷해요. 바이킹의 스포츠는 대부분 힘겨루기였어요.

체스 판의 말

1831년에 바다코끼리 상아로 조각한 체스 말들이 영국의 루이스섬에서 발견되었어요. 이곳은 한때 바이킹의 식민지였지요. 이 체스 말은 아마도 12세기에 노르웨이에서 조각한 것 같아요.

왜 바이킹은 배를 땅에 묻었을까?

1903년 노르웨이 오세베르그의 한 농부가 농장 언덕 근처에서 널빤지 조각을 발견했어요. 그는 다음 날 고고학 교수에게 달려가 그것을 보여 주었어요.

대형 이쑤시개인가?

농부가 바로 고고학 교수에게 간 것은 아주 잘한 일이었어요!

바이킹 매장지

구스타프손 교수는 그 언덕에서 온전한 바이킹 배 한 척을 발굴했어요. 배는 흙에 짓눌려 있었지요. 배 뒷부분에는 방이 하나 있는데, 약 70세와 50세로 보이는 여자 둘의 뼈가 놓여 있었어요. 질 좋은 옷으로 봐서 두 사람은 신분이 높았던 것 같아요.

✹ 복원 전

복원 후
노르웨이 오슬로에 있는 바이킹 선박 박물관에 있어요.

여자 한 명은 신분이 조금 낮았을 수도 있어요. 다른 여자와 사후 세계로 함께 가기 위해 희생되었을지도 몰라요.

죽음의 배

오세베르그에서 발견된 이 배는 바이킹 시대의 위대한 보물 중 하나예요. 이 여자들은 침대, 옷, 농기구, 천막, 수레와 함께 묻혔어요. 그리고 말과 개, 소의 뼈도 있었지요. 사후 세계에서 가정을 꾸릴 때 필요한 물건들이 전부 있었던 거예요! 남자들은 보통 무기, 연장과 함께 묻혔어요.

배에서 양동이도 발견되었어요. 안에는 국자 하나와 사과 유물 몇 개가 있었어요!

전부 승선해 주세요!

이 발견으로 바이킹이 죽음을 항해로 생각했다는 걸 알 수 있어요. 하지만 부유한 바이킹만이 실제 배에 묻혔어요. 다른 사람들은 배 모양으로 쭉 세운 선돌 안에 묻히거나 화장되었지요. 그리고 대부분은 그냥 구덩이에 묻혔어요. 배는 바이킹 생활의 중심이었기 때문에 사후 세계에서도 배가 중요할 거라 본 것은 아주 당연해요.

나일강의 배

고대 이집트인도 죽은 왕과 귀족, 하인들이 묻힌 피라미드 근처에 배를 묻었어요. 심지어는 무덤 안에 모형 배를 넣기도 했지요. 그들은 죽은 사람이 사후 세계에서 돌아다닐 때 배를 이용할지도 모른다고 믿었어요.

언제 항해하고 싶을지 몰라!

바이킹이 쓴 투구에 정말로 뾰족한 뿔이 달렸을까?

간단히 대답할 수 있어요.

아니요.

진짜 아니에요. 투구에 소뿔을 단 바이킹은 아무도 없었어요.

거짓

흥, 뿔이라니

생각해 보면 말이 안 돼요. 소뿔을 대체 어디에 써요? 오히려 방해가 될 수 있어요. 전투 중에 칼이 뿔에 걸릴 수 있거든요. 전혀 도움이 안 돼요.

← 노르웨이에서 온전히 보존된 바이킹 투구가 발견되었어요. 전사와 함께 묻혀 있었지요. 철로 만든 둥근 투구였는데, 눈 부위에 구멍이 뚫려 있었어요. 뿔은 없었고요!

무장하라!

부유한 바이킹 전사들은 쇠나 강철로 만든 칼을 갖고 있었어요. 손잡이는 뿔이나 금, 은으로 장식되어 있었지요. 그 당시 칼은 매우 귀해서 아빠에서 아들로 대물림했어요.

이 최고의 강철 칼날은 독일에서 왔어요. 만든 사람의 이름인 울프베르트가 찍혀 있지요.

적이 가까이 왔을 때 전사들은 대부분 쇠도끼나 창으로 싸웠어요. 손에 든 나무 방패도 도움이 되었어요. 더 좋았던 건, 쇄자갑을 입었다는 거예요. 쇄자갑은 갑옷이에요. 철사를 고리 모양으로 엮어 긴 셔츠처럼 만들었어요. 쇄자갑을 입으면 적의 칼날에서 몸을 보호할 수 있었답니다.

건배!

바이킹은 전투 중 사망한 전사들을 위한 특별한 천국인 '발할라'가 있다고 믿었어요. 발할라는 아주 거대한 저택으로, 전사자들의 영혼은 전쟁의 신인 오딘과 잔치를 벌이며 술을 마셨지요.

베르세르크

바이킹 전사 중에서도 용맹한 전사 베르세르크 이야기를 안 할 수 없네요. 베르세르크는 바이킹 전사 중에서도 가장 무서운 전사들에게 붙는 말이었어요. 동물 가죽을 뒤집어쓰고 전투에 나간 베르세르크는 분노에 휩싸여 곰처럼 포효하거나 늑대처럼 울부짖었지요.

그들은 정말 두려운 적이었어요.

크허헝!

바이킹에게 '팅그'가 중요했다고?

바이킹 모임을 '팅그'라고 했어요. 그리고 팅그는 꽤 대단한 일을 했어요.

 바이킹이 모이는 것만으로도 대단한 행사였어요. 바이킹의 농장은 대부분 서로 뚝뚝 떨어져 있었거든요.

지역 족장

그럼, 여기서 팅그를…

일을 해결하다

사람들은 모여서 거래를 하거나 결혼을 주선하거나 게임을 했어요. 토가 홍크를 했을지도 몰라요. 하지만 무엇보다 팅그에서 중요했던 것은 분쟁을 해결하고 법을 만드는 것이었어요.

바이킹은 주로 흙을 둥글게 쌓아 만든 무덤 같은 곳인 팅그스티드에 모였어요. 그런데 남자들만 토론에 참여했어요.

아, 이제 기억이…

의견이 다른 사람들은 지역 족장이나 로그마드 앞에서 자신들의 주장을 펼쳤어요. 로그마드란 대대로 전해 내려오는 공동체의 법을 설명해 주는 사람이었어요.

 여기서 논의하고 결정된 것들은 대부분 땅이나 거래와 관련된 분쟁들이었어요. 하지만 살인 같은 심각한 범죄도 다뤘지요.

로그마드는 이 법을 전부 저장해 두었어요. 자기 머릿속에다가요.

그리고 돌아오지 마!

가장 심한 처벌은 추방이었어요. 추방 선고를 받은 사람은 바이킹 사회를 떠나 다시는 돌아올 수 없었어요. 이보다 더 심한 처벌은 상상할 수 없었지요.

팅그는 민주주의의 초기 형태였어요. 오늘날에도 국민의 대표들은 법과 정책을 논의하기 위해 국회에 모여요. 당연히 지금은 실내에서 하지만요.

혈수

바이킹 문화에서 살인 같은 심각한 범죄의 피해자 가족은 가해자에게 복수해야 했어요. 그래서 만약 A 가족의 누군가가 B 가족의 누군가를 죽였다면, B 가족의 다른 누군가는 A 가족 중 한 명을 죽여야 했어요. 그러면 A 가족의 또 다른 누군가가 B 가족 중 한 명을 죽여야 했지요. 그러면 그다음에는….

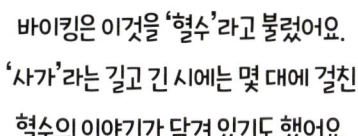

바이킹은 이것을 '혈수'라고 불렀어요. '사가'라는 길고 긴 시에는 몇 대에 걸친 혈수의 이야기가 담겨 있기도 했어요.

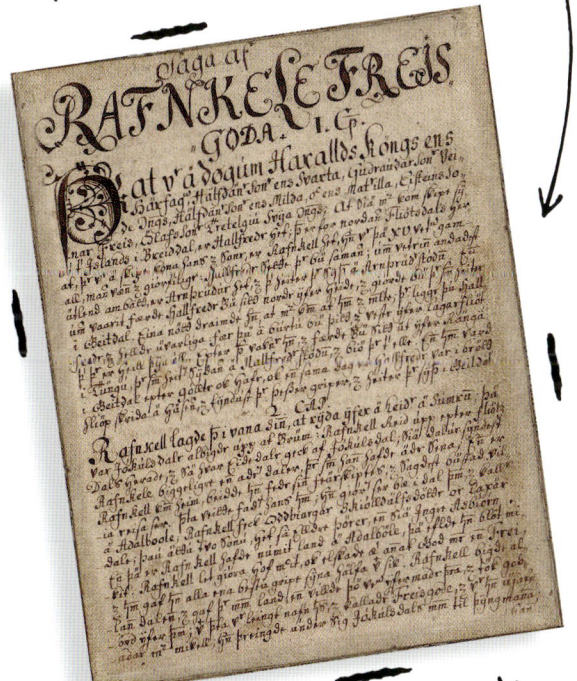

팅그에서 피해자 가족과 가해자 가족이 대화로 해결하게 만들었다면 그건 정말 더 대단한 일이었을 거예요.

선사 시대 나무는 어떻게 바이킹을 부자로 만들었을까?

 오래된 나무로 어떻게 돈을 벌까요? 쉬워요. 나무에서 흘러나오는 끈끈한 진을 모은 다음 6,500만 년 동안 그대로 두세요. 그럼 이게 무엇이 될까요?

도와줘!

→ 호박

호박은 연한 노란색에서 진한 주황색까지 다양한 색을 지닌 보석이에요. 매끄럽고 반투명한 호박에 빛이 통과할 때, 얼마나 아름다운지 몰라요. 수백만 년 전, 호박에 갇힌 곤충마저도 아름답게 보이지요.

주황색 광채

바이킹 시대에 호박 장신구는 매우 인기 있었어요. 그리고 바이킹은 세계에서 호박이 가장 많이 나는 발트해를 품고 있었어요. 해저에서 올라온 호박은 발트해 해안으로 떠밀려 왔어요.

호박은 깎고 윤을 내기 쉬워요. 그래서 목걸이, 구슬, 반지 등 다양하게 만들 수 있어요.

바이킹의 화물선인 크나르는 유럽과 러시아 전역에 호박을 날랐어요. 이 배는 가능한 많은 짐을 실을 수 있도록 만들어졌지요.

잘 나가는 물건

바이킹 상인은 주로 바이킹 농지에서 기른 것이나 스칸디나비아 해안에서 잡은 것들로 거래를 했어요.

내다 판 것

- 모피
- 밀
- 바다코끼리 상아
- 털실
- 물고기
- 꿀

들여온 것

- 비단
- 향신료
- 유리
- 은
- 도자기
- 칼날

초기에 바이킹은 화폐 없이 물건끼리 맞바꾸거나 물건을 귀금속, 특히 은과 바꿨어요. 10세기 후반부터는 금화와 은화를 만들기 시작했지요.

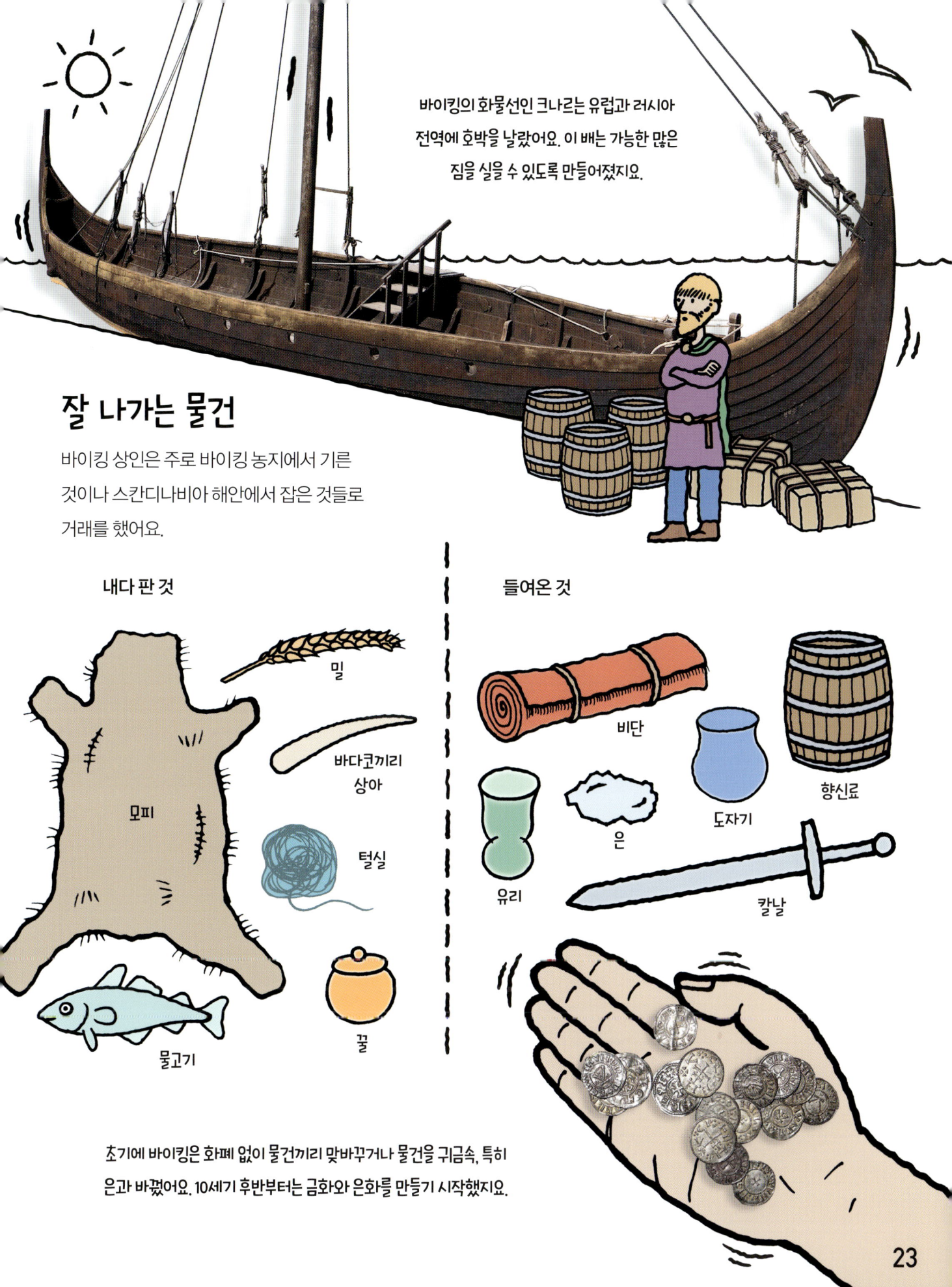

바이킹은 자를 대고 글씨를 썼을까?

스칸디나비아 전역에서 발견되는 선돌에는 바이킹 문자 '룬'이 새겨져 있어요. 이 문자들은 알파벳과 비슷해 보여요. 그런데 확실히 다른 게 하나 있어요. 바로 곡선이 없다는 거예요.

그래서 알파벳 O가 없어요. 음, 있긴 있는데, 직선 4개로 그려서 꼭 다이아몬드처럼 생겼어요.

근데 왜?

바이킹은 돌이나 뼈, 나무처럼 단단한 표면에 문자를 새겼어요. 그래서 곡선보다는 직선이 새기기 쉬웠지요. 혹시나 하는 말인데 식탁에다 해 보지 마세요! 진짜로요.

선돌에는 죽은 바이킹을 기리거나, 누군가의 업적을 칭송하는 글이 새겨져 있어요. 때로는 누군가 가진 땅이 여기까지라고 표시되어 있기도 하지요. 돌은 밝은색으로 칠해져 있었는데, 지금은 거의 바래서 색이 남아 있지 않아요.

마법의 문자

바이킹에게 룬은 단순한 글자가 아니었어요. 룬은 일종의 마법 문자였어요. '룬'이란 단어 자체가 '비밀 메시지'를 의미해요. 각각의 글자는 우주의 힘 또는 능력과 밀접하게 연관되어 있었어요. 글을 쓴다는 건 그 힘을 불러오는 것과 같았지요.

예를 들어 T에 해당하는 룬은 게르만 신인 티르의 이름을 따서 '티와즈'라고 이름 붙였어요. 티르는 하늘에서 살았기 때문에 이 문자는 위쪽을 향한 화살처럼 생겼어요.

오, 오딘이여

바이킹 신화에 따르면 신들의 왕인 오딘이 인간을 위해 '노른'이라는 세 여신으로부터 룬을 얻어 왔다고 해요. 이 세 여신은 신성한 나무인 이그드라실의 몸통에 룬을 새기는 것으로 모든 인간의 운명을 결정했어요.

오딘은 룬의 비밀을 알아내기 위해 창으로 자신을 찌르고 이그드라실에 거꾸로 매달려 있었어요. 9일 동안 먹지도 마시지도 않으면서요. 절대 집에서 따라 하지 마세요!

최고의 신들!

오딘과 룬의 이야기는 수많은 바이킹 신화 중 하나예요.

신화는 대부분 신과 관련이 있었어요. 천둥의 신 토르, 사랑과 미의 여신 프레이야 같은 신 말이에요. 다른 유명한 신으로는 말썽꾸러기 신 로키와 전쟁의 신 티르가 있었지요. 바이킹은 일상적으로는 날씨부터 크게는 전쟁에서의 승패까지 삶의 모든 부분을 신이 통제한다고 믿었어요.

토르   프레이야   로키   티르

왜 위대한 바이킹 왕이 물속에서 첨벙거렸을까?

1028년 웨스트서식스의 소니섬에 있었다면 바이킹족인 크누트 대왕을 볼 수 있었을지도 몰라요. 그때 대왕은 바닷가 옆에 자리한 왕좌에 앉아서 넘실대는 파도를 보며 넘어오지 말라고 명령하다가… 푹 젖었을 거예요!

으으윽! 넘어오지 말랬지!

전설적인 왕

적어도 전해 내려오는 이야기에 따르면 그래요. 크누트 대왕이 있던 물가가 웨스트서식스가 아니라 사우샘프턴이거나 템스강, 링컨셔라고 하기도 해요. 그리고 1028년이 아닐 수도 있어요. 크누트 대왕이 잉글랜드, 덴마크, 노르웨이를 1016년에서 1035년까지 다스렸으니 이 시기일 거예요.

크누트 대왕은 자신이 얼마나 변변찮은 사람인지 증명하고 있었다고 해요. 대왕은 자신에게 잘 보이려고 아첨을 떠는 사람들에게 신물이 났어요. 그래서 자신은 파도조차 통제할 수 없는 사람이란 걸 보여 주기로 했어요.

약탈을 벌이자!

크누트 대왕이 잉글랜드를 통치하기 전부터 바이킹은 이미 2백 년 넘게 잉글랜드를 약탈했어요. 약탈이 기록된 첫 번째 시기는 793년인데 바이킹 전사들이 린디스판 섬의 수도원을 공격해 보물을 훔쳤지요. 어렵지 않았어요. 수도사들만 보물을 지키고 있었거든요.

전사가 아닌 농부

865년 바이킹은 잉글랜드에 쳐들어가 현재의 요크를 수도로 삼았어요. 바이킹들은 그곳에 쳐들어가… 음, 정착했어요. 그들은 농사짓기 적당한 땅을 찾고 있었을 거예요.

색슨족의 알프레드 대왕은 잉글랜드 동부와 중부에 바이킹을 머물게 해 주면서 그 대가로 돈을 받았어요. 954년에 잉글랜드에서 바이킹을 쫓아낼 때까지요.

엎치락뒤치락

하지만 1016년에 크누트 대왕이 롱쉽 200척을 끌고 왔어요. 배에는 전사가 50명씩 타고 있었어요. 한번 계산해 보세요. 200×50=10,000 전사가 무려 **1만 명**이었어요!

크누트 대왕은 당시 잉글랜드의 왕이었던 에드먼드 아이언사이드를 물리치고 잉글랜드의 왕좌를 되찾았어요. 아이언사이드는 '용맹한 자'란 뜻으로, 정말로 용맹했어요. 하지만 왕좌는 뺏겼어요.

힘들었던 과거

크누트 대왕의 후계자인 하다크누트가 1042년에 사망하고, 그 뒤를 이어 앵글로·색슨족인 참회왕 에드워드가 왕위에 올랐어요. 에드워드가 1066년에 사망했을 때, 또 다른 바이킹 왕인 하랄드 하드라다가 잉글랜드를 정복하려 했어요. 하지만 실패했어요.

이제 바이킹은 기독교인이 되었기 때문에, 폭력적인 약탈은 그들의 신념과 맞지 않았어요. 그리고 많은 바이킹이 자신들의 땅을 경작하느라 바빠서 약탈하러 갈 수도 없었지요. 이런 사회적 변화들로 바이킹의 약탈은 끝났고, 바이킹 시대는 막을 내리게 되었어요.

궁금해요, 궁금해!

오딘은 왜 한쪽 눈을 잃었나요?

인간에게 룬의 비밀을 알려 준 신 오딘은 지혜를 사랑했어요. 하지만 바이킹 신화에서는 지혜를 얻으려면 반드시 뭔가를 희생해야 했어요. 오딘의 경우엔 한쪽 눈이었지요. 희생물을 바쳐야 신성한 나무 이그드라실의 뿌리에 있는 지식의 샘물을 마실 수 있었어요. 오딘은 한쪽 눈을 뽑아 샘에 떨어트렸지요. 더 넓은 시야를 얻기 위해 한쪽 시야를 포기한 거예요.

이상해 보이겠지, 나도 알아. 눈도 알고!

왜 바이킹 신부는 고양이를 들고 있었나요?

몇몇 이야기에선 바이킹 여성이 결혼하면 고양이를 받았다고 해요. 고양이는 매우 실용적인 선물이었죠. 롱하우스에서 쥐를 잡았으니까요. 하지만 사실 바이킹이 살았던 곳에는 고양이가 거의 없었어요. 그래서 이 이야기는 사실이 아닐 수도 있어요. 고양이는 매우 희귀했고, 초자연적인 것과 관련이 있었지요. 프레이야 여신은 고양이가 끄는 수레를 타고 다녔어요. 여자 마법사들은 영혼의 세계와 접촉하기 위해 고양이 가죽으로 만든 장갑을 꼈고요.

바이킹은 어떻게 베이컨을 매일 먹을 수 있었나요?

바이킹 전부가 아니라 죽은 바이킹 전사들이 그랬어요. 바이킹은 죽은 전사들이 발할라에서 잔치할 때 세흐림니르의 고기와 베이컨을 먹는다고 믿었어요. 세흐림니르는 보통 돼지가 아니었어요. 이 돼지는 잡아서 먹어 치워도 다음 날이면 또 살아났어요. 세흐림니르는 불행했겠지만, 죽은 바이킹 전사에겐 고기가 떨어질 날이 없었지요.

겨우 베이컨을 먹으려고 매일 죽이다니! 너무해.

바이킹은 왜 그렇게 교회에 무섭게 달려들었나요?

약탈자 바이킹은 수도원과 교회를 자주 공격했어요. 특별히 기독교가 싫어서 그랬던 건 아니에요. 교회와 수도원에 금과 은이 많았기 때문이에요. 게다가 이런 곳은 벽으로 둘러싸인 도시나 성과 달리 방어할 수 있는 것이 없었어요. 11세기 중반부터 기독교는 덴마크와 노르웨이에서 자리 잡았어요. 바이킹은 기독교를 접하고 점차 기독교의 교리를 따르기 시작했지요.

세계사 연표

기원전

기원전 3500년 무렵
메소포타미아 문명 시작

기원전 3150년 무렵
상이집트와 하이집트의 통일

기원전 2600년 무렵
마야 문명 시작, 고대 그리스 문명 시작

기원전 2500년 무렵
인도 문명 시작, 중국 문명 시작

기원전 2333년
고조선 건국

기원전 1600년
상 왕조 성립

기원전 1046년
상 왕조 멸망

기원전 753년
고대 로마 건국

기원전 146년
고대 로마의 고대 그리스 지배

기원전 108년
고조선 멸망

기원전 57년
신라 건국

기원전 37년
고구려 건국

기원전 30년
고대 로마의 고대 이집트 지배

기원전 27년
로마 제국 시작

기원전 18년
백제 건국

기원후

375년
게르만족 대이동

395년
로마 제국, 동서 분열

476년
서로마 제국 멸망

610년
무함마드, 이슬람교 창시

668년
고구려 멸망

676년
신라, 삼국 통일

793년
바이킹 시대 시작

900년
베닌 왕국 건설
마야 고전기 종식

918년
고려 건국

1066년
바이킹 시대 종식

1096년~1270년
십자군 전쟁

1271년
원나라 건국

1337년~1453년
영국·프랑스 백년 전쟁

1347년
유럽, 흑사병 유행

1368년
원나라 멸망, 명나라 건국

1392년
고려 멸망, 조선 건국

1453년
동로마 제국 멸망

1492년
콜럼버스, 아메리카 신대륙 발견

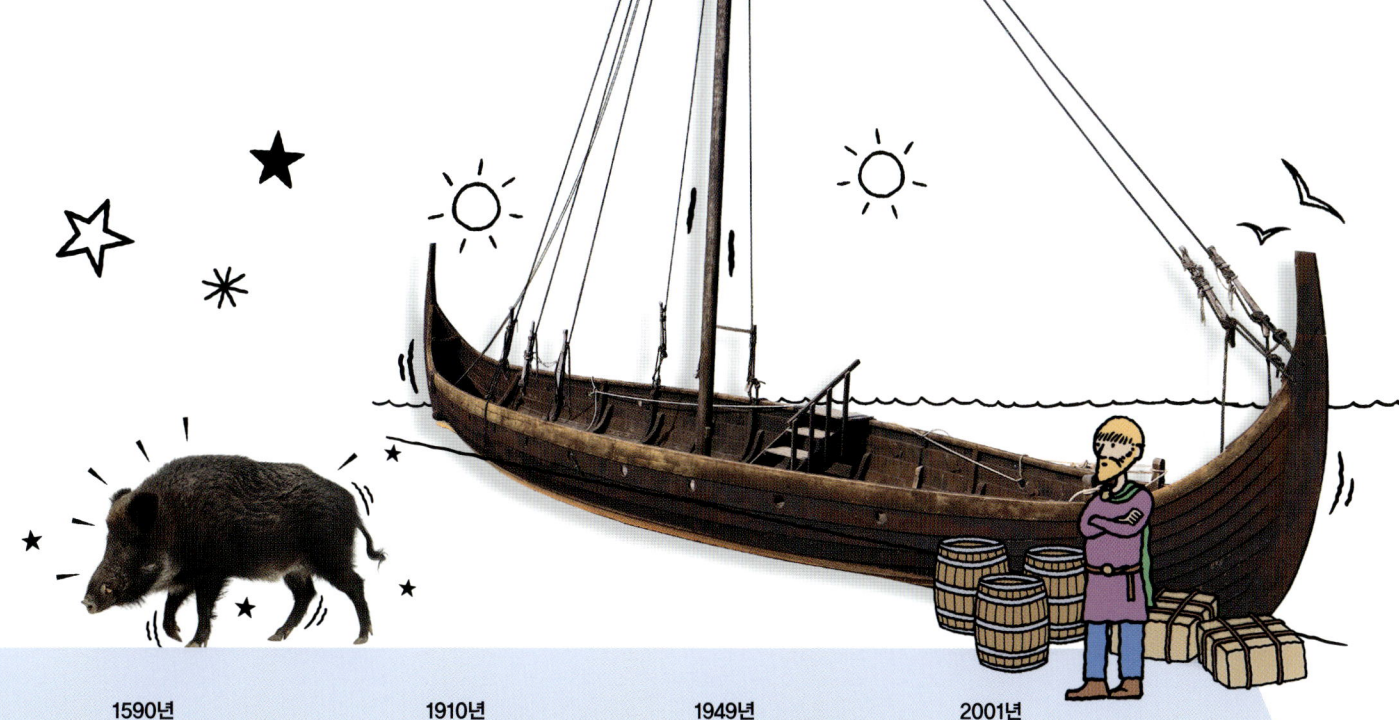

1590년
도요토미 히데요시,
일본 통일

1592년
임진왜란

1644년
명나라 멸망, 청나라 중국 통일

1760년 무렵
산업 혁명

1775~1783년
미국 독립 전쟁

1868년
일본, 메이지 유신

1896년
제1회 올림픽 대회 개최

1897년
대한 제국 수립
영국, 베닌 왕국 점령

1910년
한·일 병합

1914~1918년
제1차 세계 대전

1918년
스페인 독감 유행

1929~1933년
세계 대공황

1933년
독일, 나치당 정권 수립

1939~1945년
제2차 세계 대전

1945년
한국 8·15 광복
국제 연합(UN) 성립

1947~1991년
냉전 시대

1948년
대한민국 정부 수립

1949년
중화 인민 공화국(중국) 수립

1950~1953년
한국 전쟁

1960~1975년
베트남 전쟁

1969년
아폴로 11호 달 착륙

1980~1988년
이란·이라크 전쟁

1988년
서울 올림픽 대회 개최

1990년
독일 통일

1991년
남북한 UN 동시 가입

1997년
IMF 경제 위기

2001년
미국, 세계 무역 센터 테러 참사

2002년
한일 월드컵 대회 개최

2018년
평창 동계 올림픽 개최

2019년
코로나19 발생

2022년
러시아의 우크라이나 침공

용어

고고학 (16쪽)
과거의 유물을 연구하는 학문

뭍 (13쪽)
지구에서 바다를 뺀 나머지 부분

민주주의 (21쪽)
시민이 투표를 통해 결정을 내리는 정치 제도

발굴 (16쪽)
묻혀 있는 것을 찾아서 조심스럽게 파내는 것

뱃머리 (11쪽)
배의 뾰족한 앞부분

사후 세계 (16쪽)
죽은 사람들의 영혼이 살고 있다고 여겨지는 곳

서까래 (7쪽)
지붕의 뼈대를 이루는 나무

선돌 (17쪽)
큰 돌기둥을 땅 위에 하나 또는 여러 개를 세운 것

선체 (11쪽)
배의 몸체

승선 (17쪽)
배를 타는 것

약탈 (5쪽)
어떤 장소를 공격해서 귀중품을 훔쳐 오는 것

전사자 (19쪽)
전쟁터에서 적과 싸우다 죽은 사람

진 (22쪽)
나무에서 스며 나오는 끈끈한 물질

촌충 (7쪽)
사람의 창자 안에 사는 긴 벌레

추방 (21쪽)
처벌의 의미로 도시나 나라 밖으로 쫓아내는 것

칭송 (24쪽)
우러러 칭찬하는 말

혈수 (21쪽)
죽기를 각오하고 갚으려는 원수

화로 (7쪽)
불을 담아둔 그릇

화장 (17쪽)
죽은 후 불태우는 것

훈연 (7쪽)
연기로 익히는 방식